Conte traditionnel anglais

Les Trois Petits Cochons

Illustré par Sylvie Rainaud

Le bibliobus

CP/CE1
cycle 2

4 œuvres complètes

Les Trois Petits Cochons

Conte traditionnel anglais

Comment le chien devint l'ennemi du chat

Conte populaire chinois

Ça mange quoi un dragon ?

d'Yves-Marie Clément

Guillaume super poète

de Pakita

Notes de **Pascal Dupont**
Formateur
IUFM Midi-Pyrénées

HACHETTE
Éducation

Édition : Véronique Bourgain
Fabrication : Jeanne Arbousset
Illustrations : Sylvie Rainaud, Anne Horrenberger, Morgan, J.-P. Chabot
Création de la couverture : Laurent Carré, Alain Boyer
Réalisation de la couverture : Créapass Paris
Maquette intérieure : Laurent Carré, Michaël Funck
Réalisation : Créapass Paris
Relecture : Jean-Pierre Leblan
Photogravure : Nord Compo

ISBN : 2.01.11.7321.3

43, quai de Grenelle 75905 Paris Cedex 15
www.hachette-education.com

Collection n° 73 - Édition n° 01
11/7321/0

AVANT-PROPOS

De la littérature, pour quoi faire ?

Le cycle 2, cycle des apprentissages fondamentaux, est le moment où se construit le socle de la réussite scolaire. Il doit permettre à chaque élève d'accéder à la lecture et à l'écriture tout en se familiarisant avec leur dimension culturelle sans laquelle tout apprentissage demeurerait décontextualisé et vide de sens. Ouvrir aux enfants la porte de la littérature, c'est les introduire dans des univers imaginaires, leur permettre de répondre à des questions existentielles à travers des œuvres de fiction, susciter leur curiosité et leur appétit d'apprendre.
À partir de ces références littéraires, les élèves se constitueront des premiers repères qui entreront en résonance avec les expériences et les lectures à venir.

Quelles œuvres choisir ?

Le bibliobus Hachette propose aux jeunes lecteurs des œuvres intégrales de littérature de jeunesse propres à nourrir leur réflexion, à faire naître des interrogations, et qui sont adaptées à leur connaissance de la langue, à leurs compétences de lecture et de compréhension.
Elles ont été choisies parmi les œuvres du patrimoine, le fonds de littérature jeunesse des éditions Hachette Jeunesse, Rageot Éditeur et des manuscrits inédits.

Devenir lecteur

Dans le prolongement de l'école maternelle, la lecture régulière de contes, d'albums et de premiers romans destinés aux jeunes enfants

est un élément décisif de la construction d'un comportement de lecteur.
Il convient donc, avant tout, d'écouter et de lire beaucoup d'histoires.
L'enseignant conduit les élèves à reformuler le texte, à en repérer les étapes, à tenter d'anticiper, à débattre de son contenu.
Il les aide à tisser des liens entre l'œuvre abordée et d'autres récits.

La littérature à l'école

Apprendre à lire, c'est mettre en jeu en même temps deux compétences très différentes : identifier des mots et comprendre un texte.
Le plus souvent, les apprentis lecteurs ne maîtrisent pas encore suffisamment les automatismes du déchiffrage pour accéder seuls à des œuvres posant de véritables problèmes de compréhension.
Les manuels d'apprentissage reflètent cette situation en ne proposant que des textes courts et peu complexes sur le plan narratif.
Il est donc nécessaire de présenter, en complément des supports d'apprentissage, des œuvres de littérature de jeunesse pour développer les compétences et les stratégies de compréhension.
Les nombreuses lectures à haute voix des enseignants, parents, médiateurs du livre favoriseront l'accès de chaque enfant au monde de l'écrit. L'habitude de fréquenter des livres deviendra progressivement une culture.

Pascal Dupont
Formateur à l'IUFM Midi-Pyrénées

Il était une fois trois petits cochons qui habitaient avec leur mère dans une modeste ferme.

modeste :
simple, petite

Un beau matin, la maman réunit les petits cochons autour d'elle pour leur dire qu'elle était très pauvre et qu'elle ne pouvait plus s'occuper d'eux.

« Vous êtes grands maintenant, dit-elle. Je voudrais que vous alliez bâtir chacun votre maison. Mais construisez-la avec soin pour qu'elle soit bien solide, afin que le méchant loup ne puisse entrer et vous manger. »

bâtir : construire

avec soin : en faisant bien attention

matériaux : matières utilisées pour construire

Les trois petits cochons embrassèrent leur maman et partirent à la recherche de matériaux pour construire leur maison.

Le premier petit cochon se construisit une maison de paille, parce qu'il était trop paresseux pour chercher autre chose de plus solide.

paresseux : qui ne fait pas d'effort, qui n'aime pas travailler

Le deuxième petit cochon, tout aussi paresseux, construisit sa maison avec des branches mortes qu'il trouva sur le sol.

Les deux maisons étaient si fragiles et négligemment bâties qu'il semblait que le moindre souffle d'air les jetterait à terre.

négligemment : sans soin

le moindre : le plus petit

avoir du bon sens : agir raisonnablement, trouver de bonnes idées

Le troisième petit cochon avait plus d'énergie et de bon sens que les deux autres réunis.
Il travailla sans arrêt afin de s'acheter un tas de briques pour construire sa maison. Et, quand il l'eut terminée, il lui restait encore assez de briques pour faire une belle cheminée.

« Je suis vraiment fier de cette maison, se dit-il. Elle est solide et bien faite et, surtout, elle est garantie contre les loups ! ».

garanti contre : qui protège de

Le premier petit cochon était en train de faire des rêves dans sa maison de paille, quand il entendit le méchant loup renifler au seuil de sa porte.

le seuil : l'entrée de la maison

« Laisse-moi entrer, petit cochon ! grogna le loup. Je suis venu pour te manger.

grogner : parler d'une voix méchante

– Non, répondit le petit cochon d'une voix tremblante. Jamais de la vie !

– Dans ce cas, tonna le loup, je soufflerai comme un bœuf et je ferai sauter ta maison ! »

tremblant : apeuré

tonner : crier très fort, avec violence

comme un bœuf : avec force

Alors il respira profondément, souffla, souffla… souffla si fort qu'il fit s'envoler la maison de paille.

de justesse : de très peu

les mâchoires : os de la bouche sur lesquels se trouvent les dents

Échappant de justesse aux terribles mâchoires du loup, le petit cochon courut chez son frère, celui qui habitait la maison de bois.

Il eut tout juste le temps de rentrer dans la maison que le loup frappait à la porte.

« Ah ! s'écria le loup en se léchant les babines. Maintenant je vais manger deux petits cochons au lieu d'un ! Ouvrez-moi !

les babines : les lèvres d'un animal

– Non, répondirent les petits cochons, dont les jambes tremblaient. Jamais de la vie ! »
Avec un rire insolent, le loup hurla :
« Alors, je soufflerai comme un bœuf et je ferai sauter la maison ! »

insolent : qui manque de respect

Alors il respira profondément, souffla, souffla… souffla si fort qu'il fit s'envoler la maison de bois.

affamé : qui a très faim

imprudent : qui ne fait pas attention au danger

à toutes jambes : à toute vitesse

terrorisé : qui a une très grande peur

Poursuivis par le loup affamé, les deux petits cochons imprudents coururent à toutes jambes vers la maison de brique de leur frère. Ils eurent à peine le temps d'entrer que le loup frappait à la porte. Terrorisés, les deux petits cochons se cachèrent sous le lit de leur frère.

« Sortez de là, leur dit leur frère en riant. Le loup pourra souffler tant qu'il voudra, il ne fera jamais sauter cette maison. »

Dehors, le loup soufflait et soufflait tant qu'il pouvait. La maison ne bougeait pas.
Le troisième petit cochon continuait à rire.

« C'est bien, dit le loup en montrant ses dents. Je descendrai par la cheminée et vous avalerai tous les trois pour mon dîner. »

avaler : manger d'un coup

supplier : demander avec insistance

ne pas s'en faire : ne pas s'inquiéter

accueillir : recevoir

« Il monte sur le toit ! crièrent les deux petits cochons, toujours sous le lit. Qu'allons-nous faire ? Sauve-nous, nous t'en supplions.
– Ne vous en faites pas, mes frères ! J'accueillerai ce loup d'une manière qu'il n'oubliera jamais ! »

Il prit une allumette et alluma un grand feu dans la cheminée. Les flammes montèrent en crépitant au moment même où le loup descendait par la cheminée.

crépiter : produire de petits bruits secs et répétés

Il tomba la queue la première dans le feu et poussa un tel hurlement qu'on l'entendit à plusieurs kilomètres de là.

tel :
si grand

Se tenant les côtes de rire, le troisième petit cochon ouvrit la porte et le loup se précipita dehors en hurlant, la queue en flammes et le dos fumant…

se tenir les côtes de rire : rire beaucoup

être reconnaissant : se souvenir de quelque chose de bien qu'on a reçu

Les deux petits cochons paresseux furent si reconnaissants d'être sauvés qu'ils promirent à leur frère de devenir des travailleurs sérieux comme lui.

Le lendemain même, les trois petits cochons invitèrent leur mère à habiter avec eux dans la maison de brique et, depuis ce jour, ils vécurent heureux tous ensemble.

Conte populaire chinois

Comment le chien devint l'ennemi du chat

Illustré par Anne Horrenberger

Il y a des milliers et des milliers d'années, vivait en Chine un pauvre homme qui s'appelait Yen-Lu.

Il possédait, non loin d'une rivière, une vieille petite maison dans laquelle il habitait avec sa femme et ses deux bêtes favorites, un chat et un chien.

favori : préféré

rouillé :
abîmé par la rouille
(taches brun orangé couvrant le fer)

Un jour, Yen-Lu trouva sur la route un vieil anneau rouillé qu'il rapporta chez lui et jeta dans un coin.

Mais à partir de ce jour, la fortune entra dans la maison. Tout ce qu'entreprenait Yen-Lu lui réussissait.
Alors, Yen-Lu et sa femme comprirent que l'anneau n'était pas un anneau ordinaire.

la fortune : la chance

entreprendre : se mettre à faire quelque chose

« Écoute, dit la femme, il ne faut pas laisser traîner un anneau pareil. Mieux vaudrait le cacher soigneusement. Mais où le mettre ? »

soigneusement : avec soin, avec application

Ils réfléchirent longuement, puis décidèrent d'enfermer l'anneau dans un petit coffre de bois qu'ils accrochèrent à un clou près de la porte.

Par malheur, un homme venu de l'autre côté de la rivière pénétra dans la maison pendant qu'il n'y avait personne et emporta le coffret.

pénétrer : entrer

Le chat miaula, le chien aboya, mais quand Yen-Lu rentra, le voleur était déjà loin.

En même temps que l'anneau, la fortune quitta la maison.
Le chat et le chien, moins bien nourris, souffraient aussi de la misère revenue.

misère : très grande pauvreté

« Il faudrait trouver un moyen de venir en aide à nos maîtres, dit le chien après quelque temps.
– Le seul moyen, dit le chat, serait de reprendre l'anneau au voleur. »

Et ils résolurent de tenter l'aventure. Mais à peine avaient-ils quitté la ville qu'ils se trouvèrent devant la rivière.

résoudre : décider

tenter l'aventure : essayer

avoir horreur : détester

ennuyeux : embêtant

« Il faut traverser la rivière, dit le chien.
– Jamais de la vie ! cria le chat. Je ne sais pas nager et j'ai horreur de l'eau !
– C'est ennuyeux, dit le chien. Il nous faut pourtant aller de l'autre côté… Mais écoute, si tu grimpes sur mon dos, je te ferai traverser la rivière sans te mouiller.

– Tu crois ? demanda le chat, méfiant.
– Mais oui ! dit le chien. Essaie, tu verras… Je nage très bien.
– Bon, dit le chat, qui grimpa sur le dos du chien. Mais gare à toi si tu me fais mouiller les pattes ! »

gare : attention

Et ils traversèrent la rivière, le chat sur le dos du chien.
« Tu vois, ce n'était pas si terrible, dit le chien en abordant de l'autre côté et en secouant ses poils mouillés.
– Ce n'est pas une raison pour m'arroser ! » dit le chat.

aborder : arriver au rivage

Sur l'autre rive, ils trouvèrent aisément la maison du voleur. Ils la reconnurent à l'odeur.
Ils entrèrent et tout de suite aperçurent le petit coffret qui était suspendu au-dessus de la porte.

aisément : facilement

« Comment l'attraper ? demanda le chien.

– Oui, comment faire ? » réfléchissait le chat.

Ils étaient assis, la tête en l'air à regarder le coffret, quand tout à coup le chien s'écria :
« Je sais, moi, ce qu'il faut faire.
– Ah ! Tu as une idée ? demanda le chat.
– Oui, oui, dit le chien. Tu vas attraper une souris et nous l'obligerons à faire un trou dans le coffret…
– C'est une bonne idée », dit le chat.

mort de frayeur : terrorisé

grignoter : manger petit à petit

Il attrapa donc une souris et la petite bête à demi morte de frayeur se mit au travail, surveillée par les deux amis. Elle grignotait, grignotait, grignotait…
« Dépêche-toi, miaulait le chat.
– Dépêche-toi » grondait le chien.

Quand le trou fut assez grand, l'anneau tomba et roula par terre.
« Et maintenant, rentrons vite à la maison ! » crièrent le chat et le chien tout joyeux, tandis que la souris, oubliée, se sauvait chez elle.

Le chat prit l'anneau entre ses dents, grimpa de nouveau sur le dos du chien et ils repassèrent la rivière.

Mais dès qu'ils touchèrent la rive opposée, le chat bondit sur le toit le plus proche et, sautant de toit en toit, se précipita chez ses maîtres.

opposé :
situé de l'autre côté

Il vint frotter sa tête contre les genoux de sa maîtresse et laissa tomber l'anneau devant elle.
« Yen-Lu ! Yen-Lu ! Viens voir ! Le chat a rapporté l'anneau » cria la femme toute heureuse. Elle donna un gros poisson au chat et le caressa plus encore qu'à l'ordinaire.

qu'à l'ordinaire : que d'habitude

Le chien ne rentra que plus tard. Il lui avait fallu suivre des rues et des ruelles et trotter longtemps. Il était fatigué et avait la langue pendante, mais quand il vit que l'anneau était dans la maison, il vint, tout content et frétillant de la queue, se frotter contre ses maîtres.

trotter : marcher vite à petits pas

pendant : qui pend

frétiller : s'agiter de petits mouvements

« D'où sors-tu ainsi, crotté et mouillé ! » cria la femme courroucée. Et elle chassa le chien dans la rue.

crotté : sali par la boue

courroucé : très en colère

Le chat se chauffait près du feu et ronronnait, comme si de rien n'était… Il ne prit pas la défense de son ami.

prendre la défense de : soutenir quelqu'un qui est accusé

Mais c'est depuis ce temps-là que le chat, qui n'a pas la conscience tranquille, évite de se trouver nez à nez avec le chien.

ne pas avoir la conscience tranquille : avoir quelque chose à se reprocher

trahison : tromperie contre quelqu'un qui avait confiance en vous

Quant au chien, il ne peut oublier la trahison du chat et se jette sur lui dès qu'il le voit…
Et dites-moi ! Peut-être feriez-vous la même chose, si vous étiez le chien ? Non ?

Yves-Marie Clément

Ça mange quoi un dragon ?

Illustré par Morgan

Pour Gabriel
de l'allée des Toucans

Le terrible voisin

Aujourd'hui, c'est l'anniversaire d'Autruche.

Tous ses amis ont été invités à la fête. Il y a Gerboise, Perroquet, Tsé-Tsé, Phacochère, Lézard, Rhino et Guenon.

une autruche : un grand oiseau d'Afrique, qui ne sait pas voler mais court très vite

une gerboise : un petit rongeur d'Afrique ou d'Asie, qui se déplace en sautant

tsé-tsé / une mouche tsé-tsé : une mouche africaine qui propage la maladie du sommeil

un phacochère : un mammifère d'Afrique qui ressemble au sanglier

rhino / un rhinocéros : un grand mammifère sauvage d'Afrique ou d'Asie, à la peau épaisse et qui porte une ou deux cornes sur le museau

une guenon : la femelle du singe

déclarer : annoncer

Madame Autruche est en train de leur lire une histoire quand, soudain, on frappe à la porte :

TOC, TOC, TOC !

Pourtant, tous les invités sont déjà là ! Madame Autruche déclare :

– Je vous ai fait une surprise !

Tout le monde applaudit.

Elle pose le livre qu'elle est en train de lire. Puis elle ouvre la porte.

Et là… LÀ !!!

Gerboise se met à trembler sur sa chaise comme une nouille trop cuite. Perroquet, lui, ne peut pas s'empêcher de couaquer :

une nouille : sorte de pâte plate et mince

couaquer : faire des « couacs »

– Sacrépétenbleu de sacrépétenbleu !

Un monstre très grand, horrible et terrifiant, entre dans la maison.

– On dirait un dinosaure ! murmure Lézard.

Il a d'affreux petits yeux verts, une bouche pleine de dents, une langue plus fourchue que celle de Lézard, des griffes comme des poignards et une queue plus longue que celle de Phacochère !

fourchu : divisé en deux

crisser :
produire un bruit aigu, grinçant

un varan :
un grand lézard carnivore *(qui mange de la viande)* d'Afrique ou d'Asie.
Le dragon de Komodo est une variété de varan qui peut atteindre trois mètres de long

Komodo :
île d'Indonésie

Ses griffes crissent sur le carrelage. Chacun s'écarte pour le laisser passer.

– Les enfants, je vous présente notre nouveau voisin, dit madame Autruche. Il s'appelle Varan de Komodo.

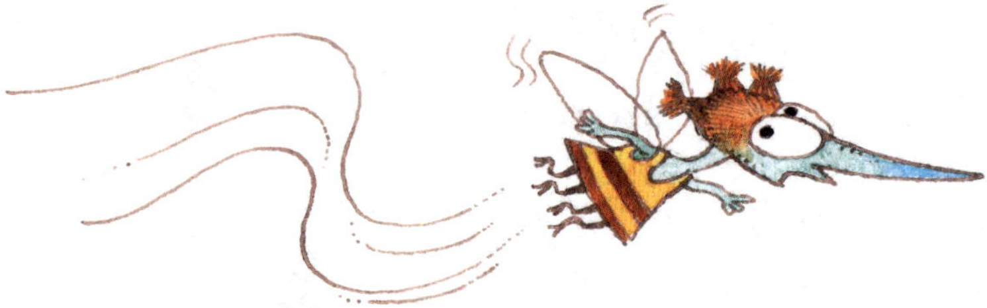

Embêter le nouveau

Avec un nom aussi compliqué, tout le monde aurait dû rigoler. Mais personne ne bronche.
Même pas Tsé-Tsé qui rit toujours pour un oui ou pour un non.
– Varan vient de très loin, explique madame Autruche.

broncher : discuter

Elle n'a pas l'air d'avoir peur. Pourtant, avec les dents qu'il a, le nouveau venu ne ferait qu'une bouchée d'elle.

– De Komodo ? ose Phacochère qui est très courageux.

– Exactement. C'est une île, précise madame Autruche. Elle se situe en Asie du Sud-Est. Bien… maintenant, je vous laisse jouer.

Rhino décide de jouer au foot. Mais c'est difficile pour Tsé-Tsé et Perroquet. Guenon propose alors de jouer à Embêter le nouveau.

C'est un jeu très rigolo dont voici les règles :

1. D'abord, on ne le regarde pas.

2. Quand il s'approche d'un joueur, celui-ci s'en va en courant à l'autre bout du terrain.

3. Après, on lui interdit de toucher le ballon.

4. Et, à la fin du match, on crie son nom très fort pour se moquer de lui et on dit que c'est un dégonflé.

dégonflé : qui n'a aucun courage *(langage familier)*

Les invités se regardent. Mais personne n'ose jouer à **Embêter le nouveau** avec Varan, même pas Rhino, qui est pourtant le plus costaud et le plus impressionnant avec ses deux cornes.

costaud :
fort
(langage familier)

Un goûter effrayant

C'est l'heure du goûter. Madame Autruche a préparé un énorme gâteau d'anniversaire. Elle en propose un très gros morceau au nouveau voisin.
Mais Varan fait la grimace.

faire la grimace : montrer que l'on n'est pas content

– Non merci ! dit-il en grinçant des mâchoires.

Gerboise est très étonnée. Quelqu'un qui n'aime pas les gâteaux fourrés au chocolat et couverts de crème chantilly, c'est la première fois qu'elle voit ça !

Elle lui offre sa part. Il recule, l'air dégoûté, et répète :

– Non merci. Je n'aime pas les gâteaux !

Gerboise lui demande :

– Tu n'as pas faim ?

Il ouvre sa bouche pleine de grosses dents pointues et lui répond avec une voix terrible qui les fait tous trembler :

– J'ai toujours faim, mais les gâteaux n'entrent pas dans mes habitudes alimentaires !

une habitude alimentaire : ce qu'on a l'habitude de manger

– Sacrépétenvert de sacrépétenvert !
couaque Perroquet.

Tsé-Tsé, qui est très curieuse, le questionne :
– Et qu'est-ce qu'on mange chez Varan de Komodo ?

Varan la regarde avec des yeux luisants et déclare :
– De la chair pas toujours très fraîche !
Tsé-Tsé frissonne et souffle à l'oreille de Guenon :
– Tu as vu ses grandes pattes ?
– Oui…
– C'est pour mieux t'attraper, Guenon !
Rhino demande à Perroquet :
– Tu as vu ses longues griffes ?

luisant : brillant

de la chair : de la viande

souffler à l'oreille : chuchoter

– Oui, oui…

– C'est pour mieux t'égorger, Perroquet !

égorger : tuer en tranchant la gorge

Phacochère se tourne alors vers Gerboise.

– Tu as vu ses grandes dents ?

– Oui, oui, oui…

– C'est pour mieux te manger, Gerboise !

Tsé-Tsé conclut :

– Varan est un dragon, je m'en doutais !

Et tous les autres crient en chœur :

en chœur : ensemble

– VARAN EST UN DRAGON ! VARAN EST UN DRAGON !

Même s'ils ont très peur, ils ne peuvent pas s'empêcher de se moquer. C'est facile, à plusieurs ! Mais quand Varan se met à renifler et lève la patte, ils s'éloignent en courant, de crainte qu'il ne les attaque. Seule Gerboise, qui s'est retournée, le voit essuyer une grosse larme de tristesse.

Un dragon pas comme les autres

Depuis une semaine, personne ne parle à Varan.
Quand il le rencontre au parc, Phacochère gratte la terre de son groin pour éviter de croiser son regard.

un groin : le museau d'un porc ou d'un sanglier

Autruche se cache la tête dans le bac à sable et Tsé-Tsé s'envole en bourdonnant. Mais Guenon sent bien que Varan est malheureux. Et Gerboise est sûre qu'elle l'a vu pleurer à la fête.

Mercredi, en rentrant du parc, Rhino dit aux autres :

– Ce dragon ne peut pas rester ici.

Tsé-Tsé est d'accord avec lui. Et Perroquet couaque :

– Sacrépétengris de sacrépétengris ! Il faut qu'il retourne dans son pays, direction l'Indonésie !

l'Indonésie : pays d'Asie composé de plusieurs îles

Gerboise n'est pas du tout du même avis qu'eux.

– Vous n'êtes pas sympas ! Bien sûr, Varan a l'air terrible, mais il n'est pas forcément méchant. On peut être amis même si on est différents.

Guenon trouve que Gerboise a raison. Ils ne peuvent pas continuer à l'ignorer ainsi. Elle déclare :

ignorer : faire comme si quelqu'un n'existait pas

– Moi, c’est décidé, la prochaine fois que je le vois, je vais parler avec lui.
Et Gerboise ajoute :
– Et moi, je vais jouer avec lui !
Les autres n’en reviennent pas. Elles sont devenues folles : on ne joue pas avec les dragons, c’est trop dangereux !

La famille Varan

Gerboise et Guenon tiennent parole dès le lendemain. Mais ce n'est pas facile de s'asseoir sur un banc à côté de Varan, parce qu'il prend vraiment beaucoup de place. Et en plus, il ne sent pas très bon, genre viande pourrie.

Elles se bouchent le nez et se demandent quoi lui dire. Il les regarde de temps en temps avec ses petits yeux verts. Il sort sa longue langue. Guenon et Gerboise sont courageuses, mais elles ont quand même un peu peur d'entrer dans ses habitudes alimentaires.

Tsé-Tsé s'approche d'elles.

– Il va vous bouffer ! leur chuchote-t-elle à l'oreille.

Gerboise l'envoie promener, mais Tsé-Tsé insiste :

– Il va vous découper en rondelles et vous dévorer en famille !

Timidement, Varan leur raconte sa vie. Il vient d'une île où vivent les derniers varans géants de la planète. Ses oncles, ses tantes, ses cousins et ses cousines vivent encore à Komodo. Il a déménagé parce que son père a trouvé un travail dans une ferme.

Ils discutent très longtemps ensemble. Et bientôt, Guenon et Gerboise oublient complètement qu'elles avaient peur de lui. Il est tellement gentil !

Guenon, qui se demande à quoi ressemble monsieur Varan de Komodo, décide d'aller faire un petit tour à la ferme. Elle y va avec Gerboise.

– Regarde, dit Guenon. C'est sûrement le papa de Varan.

Un énorme varan est en train de nourrir les poules, les canards, les chèvres et les moutons. Les animaux n'ont pas l'air d'avoir peur de lui…

– Il ressemble beaucoup à son fils, remarque Gerboise. Lorsqu'il les voit, monsieur Varan de Komodo les salue avec un grand sourire très effrayant. Elles courent se cacher derrière un arbre, les pattes tremblantes.

Mais monsieur Varan s'approche et leur dit :

– Vous devez être les nouvelles amies de mon fils. Il vous invite demain, à l'heure du goûter.

Pas très rassurées, mais polies, Guenon et Gerboise acceptent d'un petit signe de tête.

L'invitation

C'est mercredi après-midi.
Varan fait visiter sa maison à Guenon et Gerboise.
Elle est drôlement grande. Il y a des couloirs partout. Sur les murs, sa mère a accroché les portraits de sa famille.

un portrait : photographie, dessin ou peinture représentant une personne

un caméléon : un petit reptile d'Afrique ou d'Asie, qui peut changer de couleur selon l'endroit où il se trouve

un iguane : un grand lézard d'Afrique

Entre Caméléon des Rochers et Iguane des Forêts se trouve l'affreux portrait de Crocodile des Rivières. De quoi faire dresser les poils sur la tête !

Madame Varan de Komodo les appelle :
– C'est l'heure du goûter !
Gerboise et Guenon entrent dans le salon. Et là, elles découvrent un abominable spectacle !
Un énoooorrrme tas de chair pas très fraîche et dégoulinante est posé sur la table.

abominable : terrible

dégoulinant : qui s'écoule lentement

Tsé-Tsé avait raison !
Gerboise se jette dans les bras de sa meilleure amie.

Varan se jette sur la viande.
Il avale des morceaux plus gros que lui en faisant plein de bruits dégoûtants. Un vrai DRAGON !!!
– Tenez, les enfants !

C’est la maman de Varan. Elle leur a préparé un bol de lait et trois biscuits. Ses petits yeux brillent tandis qu’elle ajoute :
– Mon fils, lui, n’aime que la viande. C’est bon pour la santé des varans. Ça fait grandir !

Accepter le nouveau

Guenon et Gerboise se sont bien régalées. Varan aussi. Il s'essuie la gueule et les griffes, puis leur propose :

– Et si on allait jouer dehors ?

Il les emmène dans le jardin.

jouer à l'épervier : à un signal, un groupe de joueurs fuit devant un poursuivant, l'épervier, qui cherche à les attraper

Et là, ils jouent à saute-mouton, à l'épervier. Ils s'amusent comme des fous !
Phacochère, Perroquet, Tsé-Tsé et les autres passent dans la rue de Varan en rentrant du parc.

chat perché : un joueur, le chat, doit toucher un autre joueur qui devient à son tour le chat

– Je vous invite ! déclare Varan. On n'est pas assez pour une partie de chat perché.

– Chat perché ? J'adore ! s'écrie Perroquet en battant des ailes.

– Moi, je veux bien faire un jeu de l'oie, dit Rhino qui préfère les jeux de société.

– On peut aussi jouer aux petits chevaux, suggère Lézard.

les petits chevaux : jeu de société, avec des pions en forme de chevaux

Tsé-Tsé vole au-dessus du jardin.

– Et si on jouait à Accepter le nouveau ? propose-t-elle.

C'est un jeu très rigolo dont voici les règles :

1. D'abord, on ne se moque jamais de lui.

2. Pour les anniversaires, on promet de lui donner un goûter qu'il aime.

3. Au parc, on joue toujours avec lui.

4. Et quand il a des ennuis, on ne le laisse pas tomber.

– Ouuuaaaiiis ! Vive notre nouveau copain !
Dans le jardin de Varan, tout le monde est content.
L'après-midi est un véritable succès et Varan a une larme au coin de l'œil quand chacun retourne chez soi.
Mais cette fois, c'est une larme de bonheur !

Pakita

Guillaume super poète

Illustré par J.-P. Chabot

Vous connaissez Guillaume ? Il porte souvent un nœud papillon et, en plus, il est poète !

un nœud papillon : une cravate courte nouée en forme de papillon

Guillaume invente des **poèmes** qu'il écrit sur un carnet gros comme un livre !

Il en fait plein ! Des longs, des courts, des un peu sérieux et des trop rigolos.
Et il nous les lit pendant la récré.

Tout a commencé quand la maîtresse nous a expliqué le mot **rime**.

– Une rime, c'est lorsque deux mots finissent par le même son, par exemple vél**o** et mot**o**.

– Cray**on** et bonb**on**, a dit Léonard.

– Chauss**ure** et arm**ure**, a proposé Zizette.

– Van**ille** et chocol**at**, a crié Tom.

– Tom, tu n'as pas compris !

Alors Guillaume a levé le doigt
et il a récité :

Un jour, je me promenais
Dans une très grande forêt.
J'ai rencontré un gros loup,
Je n'ai pas eu peur du tout.

– Bravo Guillaume ! a dit la maîtresse. Tu viens d'inventer ton premier **poème** !

Guillaume était super fier, il a ajouté :

– Ce serait bien si on parlait toujours avec des **rimes** !

– Ce serait très difficile, Guillaume, mais rien ne t'empêche d'écrire des **poésies** sur un cahier et de les réciter à tes amis.

super fier : très content

Le lendemain, quand
Guillaume est arrivé
à l'école, il était
très content.

Dans sa
main, il
tenait son
gros carnet
avec un stylo
attaché. Il nous
a dit :
– Ça y est, je suis
poète ! Même que
j'ai déjà commencé
cette nuit ! Écoutez !
Ça s'appelle :
Hop, je saute du lit !

7 heures du matin, je me réveille,
J'ai encore un peu sommeil.
7 heures 15, je saute du lit,
Je pense à vous tous mes amis.
Alors je crie : Guillaume, tu as du bol
Aujourd'hui, tu vas à l'école !

– Il est super ton **poème** !
Je l'adore ! a crié Louise.
Et on a tous applaudi.

adorer : aimer beaucoup

Depuis, chaque nuit, Guillaume invente un nouveau **poème** et il nous le récite le lendemain. Il écrit même des **poèmes** exprès pour nous.

Par exemple, tous les midis, on doit se laver les mains avant d'aller à la cantine. C'est énervant, on est obligés d'arrêter de jouer. Alors Guillaume nous a inventé un **poème** :

Avant d'aller à table.

Maintenant, on le récite chaque fois qu'on y va !

excité : agité

Un autre jour, Guillaume est arrivé complètement excité à l'école. Il nous a dit :

– Cette nuit, j'ai fait un super **poème** !

Si je ne me lave pas
Le premier jour,
Ça ne se voit pas.

Le deuxième jour,
Ça passe encore.

Le troisième jour,
Ça pue très fort !
Prout prout caca
crotte
Zut de zut et boudin trotte.

trotter : marcher vite, à petits pas

exploser de rire : se mettre à rire très fort, éclater de rire

Avec Arthur et Zizette, on a explosé de rire !

Mais, ce matin,
Mathieu a commencé
à se moquer de
Guillaume.
– Ils sont **nuls** tes
poèmes ! On en a assez
de les écouter,
ah ah ah !
– C'est parce
que tu es jaloux
que tu me dis ça ! lui
a répondu Guillaume.
– Jaloux, moi ?
N'importe quoi ! Je suis
mille fois plus fort que
toi ! Et même, si je veux,
je te provoque en duel !

provoquer en duel : vouloir faire un combat avec quelqu'un

– Tu veux **te battre en duel** ? a demandé Guillaume. Alors je choisis mes **armes**. Et je prends… les **rimes** !

– **Une bagarre de rimes** ??? a dit Mathieu, surpris.

– Oui, et comme c'est toi qui m'as **attaqué** en premier, c'est toi qui commences !

Et Mathieu a
commencé :
– *Guillaume,*
euh… demain
matin,
Je te change
en boudin !
Guillaume
lui a
répondu à
toute
vitesse :

– *Et moi,*
mardi
après-midi,
Je te transforme
en salami !

un salami :
un gros saucisson
sec d'Italie

Mathieu a cherché
longtemps dans sa
tête avant de
continuer :

– Eh ben... moi,
euh... moi, si je
veux,
Je te réduis en
poudre en moins
de deux.

Guillaume a tout
de suite trouvé :

– Ça m'étonnerait
beaucoup, Mathieu,
Tu ne sais pas compter
jusqu'à deux !

Et là, Mathieu était tellement vexé qu'il n'a plus eu d'idée !

– Et moi, et moi, euh... euh...

réduire en poudre : écraser, éliminer

en moins de deux : très rapidement *(langage familier)*

Guillaume a attendu un peu, puis il a crié :

Eh oui !
je suis moins
fort
que toi,
Mais le chef
des rimes,
c'est moi !
Hourra
les amis !
La bagarre
de rimes
est finie !

Guillaume est vraiment trop fort en **poèmes** ! Tout le monde l'a applaudi et surprise…

Mathieu a applaudi aussi et il a demandé à Guillaume :

– Mais comment tu fais ?

– C'est facile ! Je pense à un mot, par exemple :

Bagarre !

Et je cherche d'autres mots qui font penser à la bagarre.

Il a ouvert son carnet.

– Mathieu, Agathe, trouvez des mots et je les écris.

On a proposé :

Dispute
Calmé
Lutte
Coup de poing
K.O.
K.O.
Ami
Claque
Blessé
Main
Coup de pied
Paix
Ennemi

– Stop ! a crié Guillaume. Maintenant, on va ranger les mots en **rimes**.

rime avec

avec

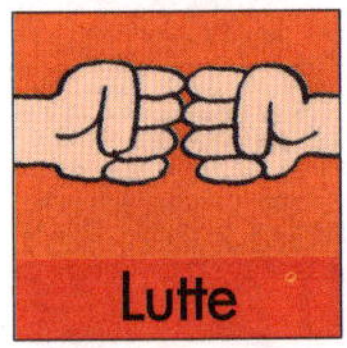

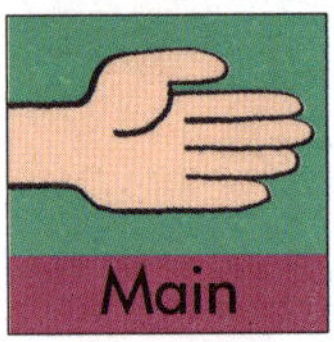

avec

avec

– On peut dire aussi : il y en a m**arre** de la bag**arre**, ça rime, a dit Mathieu.

– Bravo Mathieu, a applaudi Guillaume. On va dire que ce sont les deux premiers **vers** de notre **poème** !

– Et ce sera le titre aussi ! j'ai proposé.
Mathieu était vraiment content.
– C'est d'accord ! a répondu Guillaume. Bon, les copains, il ne nous reste plus qu'à trouver notre **poème**.
Vite, dans notre tête, on a mélangé les mots.

Et tous les trois, on a trouvé :

Il y en a marre
De la bagarre !
Stop aux coups de poing.
On se serre la main !
Stop aux coups de pied.
On est calmés !
Plus de lutte,
Plus de disputes !
Au revoir Ennemi !
Bonjour Ami !

On l'a récité ensemble. On était super contents ! Alors Mathieu a dit :

– Si tu veux, Guillaume, je t'apprendrai des trucs pour avoir des muscles et toi, tu me feras des exercices pour inventer des **poèmes**.

Guillaume a répondu :

– O. K. ! et pas K.-O. !

Et ils se sont serré la main !

être O.K. : être d'accord

être K.-O. : être assommé, hors de combat

Là, il est vraiment tard, mais c'est trop super.

une paillette : une lamelle de matière brillante

J'ai acheté un cahier à paillettes et dessus j'ai écrit en titre :
Mes poésies.
Puis j'ai choisi le mot **nuit**.
Et j'ai trouvé :
Soir – lit – couette – noir – doudou – chouette – bisous – pyjama – brosse à dents – bonsoir – papa – maman.

Mais là, je suis trop fatiguée, mes yeux se ferment et je n'arrive plus à écrire.
Est-ce que vous pouvez m'aider ?
Et si vous écriviez ce **poème**, vous ?
Bon, merci ! Allez, bonne nuit les poètes !!!

Table

L'école d'Agathe

Une série de Pakita
et Jean-Philippe Chabot

n°1

Coucou, c'est moi
Agathe !

n°2

Mathieu le roi
des bonbons

n°20

Chloé adopte
des escargots

n°29

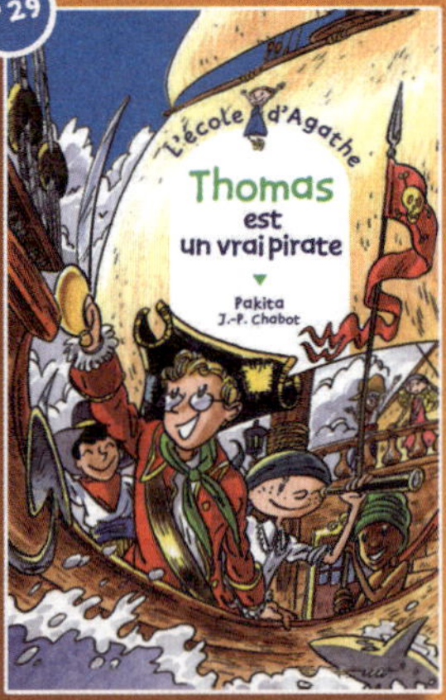

Thomas
est un vrai pirate

Rageot Éditeur
www.rageotediteur.fr

Coucou !
C'est moi
Agathe !
Vous connaissez
mes amis ?

Si tu as aimé *Les Trois Petits Cochons*, tu aimeras aussi :

La Vérité sur l'affaire des trois petits cochons
par L.E. Loup de Jon Scieszka
Nathan

L'histoire des trois petits cochons revue du point de vue du loup...

Les Trois Petits Loups et le Grand Méchant Cochon
d'Eugène Trivizias
Bayard Jeunesse

Dans cette album, les rôles sont inversés : ce sont les trois petits loups qui veulent construire une maison et c'est le grand méchant cochon qui s'acharne contre eux...

Si tu as aimé *Comment le chien devint l'ennemi du chat*, tu aimeras aussi :

Conte traditionnels de Chine
de Bertrand Solet
Milan

Une vingtaine de contes originaires de Chine. Tu pourras découvrir la civilisation chinoise et retrouver les grands thèmes universels des contes (avec des princesses, des sorcières...).

Mon Premier Larousse
Contes du monde
Larousse

9 contes pour voyager et découvrir d'autres cultures du monde (Chine, Afrique, Inde, Russie...).

Imprimé en Italie par Rotolito - Dépôt légal: 76118 - 08/06 - Collection 73 - Edition 02 - 11/7321/0